Sahi Etienne Doua

Apprêtes-toi à y entrer

Sahi Etienne Doua

Apprêtes-toi à y entrer

A la porte de la jeunesse

Éditions Croix du Salut

Impressum / Mentions légales
Bibliografische Information der Deutschen Nationalbibliothek: Die Deutsche Nationalbibliothek verzeichnet diese Publikation in der Deutschen Nationalbibliografie; detaillierte bibliografische Daten sind im Internet über http://dnb.d-nb.de abrufbar.

Alle in diesem Buch genannten Marken und Produktnamen unterliegen warenzeichen-, marken- oder patentrechtlichem Schutz bzw. sind Warenzeichen oder eingetragene Warenzeichen der jeweiligen Inhaber. Die Wiedergabe von Marken, Produktnamen, Gebrauchsnamen, Handelsnamen, Warenbezeichnungen u.s.w. in diesem Werk berechtigt auch ohne besondere Kennzeichnung nicht zu der Annahme, dass solche Namen im Sinne der Warenzeichen- und Markenschutzgesetzgebung als frei zu betrachten wären und daher von jedermann benutzt werden dürften.

Information bibliographique publiée par la Deutsche Nationalbibliothek: La Deutsche Nationalbibliothek inscrit cette publication à la Deutsche Nationalbibliografie; des données bibliographiques détaillées sont disponibles sur internet à l'adresse http://dnb.d-nb.de.

Toutes marques et noms de produits mentionnés dans ce livre demeurent sous la protection des marques, des marques déposées et des brevets, et sont des marques ou des marques déposées de leurs détenteurs respectifs. L'utilisation des marques, noms de produits, noms communs, noms commerciaux, descriptions de produits, etc, même sans qu'ils soient mentionnés de façon particulière dans ce livre ne signifie en aucune façon que ces noms peuvent être utilisés sans restriction à l'égard de la législation pour la protection des marques et des marques déposées et pourraient donc être utilisés par quiconque.

Coverbild / Photo de couverture: www.ingimage.com

Verlag / Editeur:
Éditions Croix du Salut
ist ein Imprint der / est une marque déposée de
OmniScriptum GmbH & Co. KG
Heinrich-Böcking-Str. 6-8, 66121 Saarbrücken, Deutschland / Allemagne
Email: info@editions-croix.com

Herstellung: siehe letzte Seite /
Impression: voir la dernière page
ISBN: 978-3-8416-9968-8

Copyright / Droit d'auteur © 2015 OmniScriptum GmbH & Co. KG
Alle Rechte vorbehalten. / Tous droits réservés. Saarbrücken 2015

LE FUTUR JEUNE ET SES RESPONSABILITÉS

DOUA SAHI ETIENNE

Dédicace
Je dédie cet ouvrage à, tous les jeunes du monde Particulièrement à ceux qui sont persécuté pour le nom de Jésus-Christ.

1ère PARTIE :

LE NOUVEL ENVIRONNEMENT !

Introduction

Depuis le moment où tu as accepté le Seigneur Jésus comme ton Sauveur, tu t'es engagé sur la route étroite qui mène au ciel. Sur cette route, toi et moi, nous rencontrerons beaucoup d'autres chrétiens qui sont aussi sur la route du ciel.

C'est merveilleux d'être chrétien, mais nous devons savoir que la route du ciel ne sera pas facile. Pourquoi ? Parce que nous avons plusieurs ennemis. La Bible nous parle de trois grands ennemis du chrétien :

- *le monde*
- *la chair*
- *le diable*

Que font ces ennemis ? Ils essaient de nous faire pécher. Mais Dieu nous a préparé un moyen, afin que nous ayons la victoire sur eux. Dans ce présent cahier, nous allons voir comment nous pouvons vaincre ces trois ennemis avec l'aide de la parole de Dieu (la Bible).

Il est constitués de méditations sur ces trois fais suivis d'exercice de compréhension et de réflexion.

Bonne étude et que Dieu vous bénisse !

1 LE MONDE

La Bible utilise le mot « monde » dans plusieurs sens différents. Parfois, ce mot signifie la terre que Dieu a créée. Parfois, il signifie les gens qui vivent sur la terre, comme dans Jean 3.16 où la Bible dit : « Car Dieu a tant aimé le monde [...] »

Un troisième sens est donné dans 1 Jean 2.15 où la Bible dit : « N'aimez point le monde [...] » Quelle est la signification du mot « monde » ici ? Ce sont les choses séduisantes du monde dont Satan se sert pour nous éloigner de Dieu.

Dieu veut que nous l'aimions de tout notre cœur. Satan ne veut pas que nous aimions Dieu, c'est pourquoi il se sert des choses séduisantes du monde pour nous empêcher d'aimer Dieu et de faire sa volonté.

Quelles sont ces choses dont Satan se sert pour nous éloigner de Dieu ? Satan peut se servir de la télévision, du cinéma ou d'un certain genre de musique ou tout autre chose que nous aimons.

Certaines de ces choses peuvent n'avoir rien de mauvais en elles-mêmes, mais si elles viennent à prendre la première place dans notre vie, c'est alors qu'elles deviennent mauvaises. Si elles nous poussent à passer moins de temps dans la prière et dans la lecture de la Parole de Dieu, ou si elles nous empêchent d'aller à l'église le dimanche, elles sont alors mauvaises pour nous. La Bible dit :

« N'aimez point le monde, ni les choses qui sont dans le monde. Si quelqu'un aime le monde, l'amour du Père n'est point en lui. » (1 Jean 2.15)

La Bible dit que Jésus-Christ « s'est donné lui-même pour nos péchés, afin de nous arracher du présent siècle mauvais ». Dieu veut que nous vainquions le monde et ses mauvaises attractions.

Comment pouvons-nous vaincre « le monde » ? Nous vainquons le monde en aimant le Seigneur Jésus de tout notre cœur. Le monde offre plusieurs choses séduisantes et des plaisirs mauvais, mais ces choses ne satisfont pas vraiment notre cœur. Seul Jésus-Christ peut le faire.

Voulez-vous avoir plus d'amour pour Jésus-Christ ? Pensez alors à son grand amour pour vous. En pensant à son grand amour pour vous, aux souffrances et à la mort qu'il a endurées pour vos péchés, vous l'aimerez de plus en plus. Et si vous aimez vraiment le Seigneur Jésus, vous aimerez les choses de Dieu et non les choses du monde. La Bible dit :

« Affectionnez-vous aux choses d'en haut, et non à celles qui sont sur la terre. » (Colossiens 3.2)

APPLICATION 1 :

A- Écrire vrai ou faux :
1- Le mot « monde » veut dire seulement la planète terre.
2- Le mot « monde » revêt plusieurs sens
3- Monde dans la bible veut dire l'ensemble des bonne choses que Dieu nous promet :
4- Monde dans la bible veut dire l'ensemble des séductions que le diable peut nous présenter pour nous détourner de la voie du Christ.

B- Expliquez dans vos propres mots pourquoi Satan ne veut pas que nous aimions Dieu. Donnez ensuite les éléments qu'il utilise pour nous détourner de la voix de Dieu

....
....
....
....
....
....
....
....
....
....

C- RÉFLEXION
En tant qu'enfant de Dieu, qu'est ce que tu dois faire pour résister aux propositions que Satan de fait pour te détourner de la voix de Dieu ? (10 lignes maximums avec versets à l'appui)

....
....
....
....
....
....
....
....
....
....

2 La CHAIR

Le deuxième grand ennemi du chrétien est « la chair ». Qu'est-ce que « la chair » ? La chair est notre nature humaine pécheresse. Un autre nom pour la chair est le moi. Le moi, c'est ce que nous sommes à l'intérieur.

Pour nous rendre compte de ce que nous sommes à l'intérieur, regardons à quoi le moi ressemble.

Le moi suis très orgueilleux. En fait, le moi pense qu'il est la personne la plus importante au monde. Le moi veux que tout le monde le regarde.

Le moi suis entièrement égoïste. Il ne vit que pour lui même. Le moi veux toujours suivre sa propre voie. Il déteste obéir quelqu'un d'autre.

Le moi ne veux jamais admettre ses torts. Il essaie toujours de blâmer quelqu'un d'autre.

Le moi est facilement offensé ou « blessé ». Le moi n'aime pas pardonner aux autres ; au contraire, il garde rancune. Dieu nous dit que nous devons pardonner aux autres, mais le moi ne veut pas obéir Dieu.

Nous ne voulons peut-être pas l'admettre, mais c'est comme cela que toi et moi sommes à l'intérieur. Le moi a régné sur le trône de notre cœur.

Quand nous avons été sauvés, une autre personne est venue vivre dans notre cœur—le Seigneur Jésus-Christ. C'est merveilleux mais il y a encore un problème. Le problème, c'est que le moi n'est pas parti ! Le moi est encore dans notre cœur.

Tu as peut-être déjà remarqué que, bien que tu aies Jésus-Christ dans ton cœur, tu fais encore des choses que tu ne voudrais pas faire. La raison en est que le moi est encore sur le trône de ton cœur.

Quand le moi est sur le trône, nous commettons plusieurs péchés. Nous sommes orgueilleux. Nous sommes égoïstes. Nous sommes désobéissants. Nous nous chicanons et nous perdons notre calme. Nous sommes rancuniers. Ces péchés blessent le cœur du Seigneur Jésus. Il a honte de nous. Dieu veut que nous ayons la victoire sur le moi.

Quel est le secret de la victoire sur le moi ? Le secret est de faire de Jésus-Christ le Roi de notre vie. Nous devons détrôner le moi et mettre Jésus-Christ à sa place.

Le Seigneur Jésus a vraiment le droit d'être le Maître de notre vie. Pourquoi ? Parce que nous lui appartenons. La Bible dit :

« Vous ne vous appartenez point à vous-mêmes [...] car vous avez été rachetés à un grand prix [...] » (1 Corinthiens 6.19, 20)

Quel est le prix que le Seigneur Jésus a payé pour nous ? Le prix a été son propre sang. Il a donné sa vie pour nous racheter.

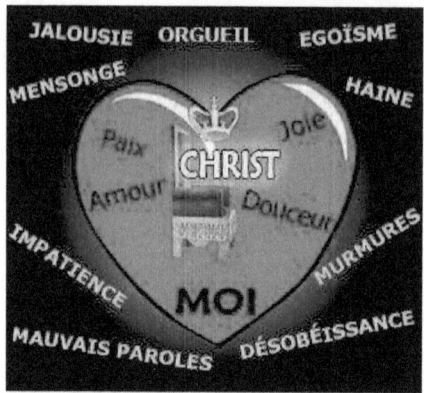

A qui appartenons-nous maintenant ? Nous appartenons à Jésus-Christ. Il a le droit d'être Roi dans notre cœur. Bien que le Christ ait le droit d'être notre Roi, il attend que nous lui disions que nous voulons qu'il règne comme Roi dans notre vie.

Quand Jésus-Christ est sur le trône de notre cœur, nous avons son amour, sa joie et sa paix dans notre cœur. Nous ne commettons pas les péchés du moi.

Tu dois choisir entre le moi et Jésus-Christ. Tu dois décider qui sera sur le trône de ton cœur. Si tu choisis Jésus-Christ comme le Roi de ta vie, tu devras lui obéir.

Tu veux que Jésus-Christ soit ton Roi, n'est ce pas ? Veux-tu prendre quelques instants et lui dire que tu veux qu'il soit ton Roi ? Voici une prière que tu peux faire :

« Seigneur Jésus, je te remercie de m'avoir aimé au point de donner ta vie pour moi. Je t'appartiens maintenant et je veux que tu sièges sur le trône de mon cœur et que tu sois le Roi de ma vie. Je veux t'obéir et faire ta volonté ».

Souviens-toi que si Jésus-Christ est ton Roi, tu dois vivre pour lui plaire et non pour plaire au moi.

APPLICATION 2 :

A- Écrire vrai ou faux :
1- Le « Moi » suis synonyme d'orgueil et de vanité.
2- Le « moi » n'est pas égoïste
3- Le «moi» pense qu'il a toujours raison :
4- L'orgueil est l'autre nom du « moi »
5- Quand Jésus-Christ est sur le trône de notre cœur, nous avons son amour.
6- Le secret pour vaincre le moi est de faire de Jésus notre Roi

7- « **Quand le moi est sur le trône, nous commettons plusieurs péchés.** »
Qu'est ce que cela veut dire selon vous.

....
....
....
....
....
....
....
....
....
....

8- **RÉFLEXION**
En tant qu'enfant de Dieu, qu'est ce que tu dois faire pour résister aux propositions que satan de fait pour te détourner de la voix de Dieu ? (10 lignes maximums avec versets à l'appui)

....
....
....
....
....
....
....
....
....
....

3 Le DIABLE

Le plus grand ennemi du chrétien est le diable. Il est aussi appelé Satan. La Bible dit de lui :

« Votre adversaire, le diable, rôde comme un lion rugissant, cherchant qui il dévorera. » (1 Pierre 5.8)

Quand tu acceptes Jésus-Christ comme ton Sauveur, Satan devient très en colère. Tu l'as abandonne pour rejoindre ceux qui mettent leur confiance dans le Seigneur Jésus. Satan sait qu'il ne peut pas t'empêcher d'aller au ciel, mais il va quand même faire tout ce qu'il peut pour te tenter et te faire pécher.

Comment Satan nous tente-il ? Il nous tente en mettant de mauvaises pensées dans notre esprit. Satan peut le faire lui-même, ou il peut se servir d'intermédiaires comme des films, la télévision ou de la mauvaise lecture pour faire naître de mauvaises pensées dans notre esprit.

Satan te tentera par l'immoralité et des péchés reliés à la sexualité. Il te tentera peut-être à faire usage de drogues ou à boire. Il sait que ces choses détruisent ton corps et ton âme.

Satan a aussi d'autres moyens de s'attaquer à toi. Si tu pèches, Satan essaiera de te faire croire que Dieu est fâché contre toi et qu'il ne te pardonnera pas. Satan essaiera de te faire douter de ton salut. Satan essaiera de te décourager et de te rendre craintif et peureux. Satan est un ennemi terrible !

Pouvons-nous vaincre Satan par nous-mêmes ? Non, c'est impossible. Il est beaucoup trop puissant pour nous. Mais voici une bonne nouvelle : Jésus-Christ a déjà vaincu Satan pour nous !

Quand Jésus-Christ est mort sur la croix, Satan a cru qu'il avait remporté une grande victoire. Mais Jésus n'est pas resté dans le tombeau ; il est ressuscité des morts. Le Seigneur Jésus-Christ avait remporté la victoire sur Satan et sur toutes les puissances des ténèbres.

Puisque Jésus-Christ est notre Sauveur et que nous lui appartenons, nous partageons sa victoire sur Satan. La victoire de Jésus-Christ est notre victoire. Le Seigneur Jésus nous a délivrés de la puissance de Satan.

Nous n'avons pas à craindre Satan. Pourquoi ? Parce que Jésus-Christ vit en nous et qu'il est plus grand et plus fort que Satan. La Bible dit :

« Celui qui est en vous est plus grand que celui qui est dans le monde. » (1 Jean 4.4)

Que signifie ce verset ? Il signifie que Jésus-Christ qui vit en nous est plus grand que Satan qui est dans le monde. Jésus-Christ vit en nous pour nous donner la victoire sur les tentations de Satan.

« Celui qui est en vous est plus grand que celui qui est dans le monde. »

Le secret de la victoire dans les tentations de Satan est de savoir que Jésus-Christ vit en nous et de lui faire confiance pour nous donner la victoire.

Une petite fille a appris ce secret. Elle a dit :

« Quand Satan frappe à la porte de mon cœur pour me pousser à faire de mauvaises choses, je dis : Seigneur Jésus, veux-tu répondre à la porte, s'il te plaît ? Quand Satan voit le Seigneur Jésus, il s'excuse et dit : Je me suis trompé de porte. Et il s'en va. »

Quel était le secret de cette petite fille ? Le voici : elle reconnaissait que Jésus-Christ vivait dans son cœur et elle lui faisait confiance pour lui donner la victoire sur les tentations de Satan. C'est aussi ce que nous devons faire.

Satan peut nous tenter, mais il ne peut pas nous faire pécher. Nous pouvons dire : « NON » à Satan. La Bible dit :

« Résistez au diable, et il fuira loin de vous. » (Jacques 4.7)

APPLICATION 3

A- Répondre par vrai ou faux

1- Le diable est aussi appelé Satan ☐

2- Satan n'était pas crée au départ mauvais ☐

3- L'Lucifer était le nom originel de satan ☐

4- Le Principe de ce monde est aussi l'autre appellation de satan ☐

5- Nous n'avons pas à craindre satan parce que jésus est plus fort que lui ☐

B- Satan sait qu'il ne peut pas t'empêcher d'aller au ciel, mais il va quand même faire tout ce qu'il peut pour te tenter et te faire pécher.
Explique en quelques lignes ce que tu dois faire pour ne pas tomber dans les tentations du diable.

....
....
....
....
....
....

C- Réflexion

Ta petite et toi partez-vous les vacances scolaires au village. Là-bas tes grands parents qui ne sont pas chrétiens immolent des coqs à leurs « idoles » pour leur dire merci de votre arrivée au village.
Ils en font une soupe bien succulente et vous donnent à manger.
Vous leur expliquer que vous êtes chrétiens et que vous ne manger pas la viande sacrifiées aux idoles. Mais n'arrivent pas comprendre.
Imaginez en quelques lignes le dialogue qui s'attablera entre vous (dans ce dialogue vous devez convaincre vos grands parents.)

....
....
....
....
....
....

ET SI NOUS PÉCHONS ?

Que se passe-t-il quand nous péchons ? Dieu a-t-il un plan pour s'occuper de ses enfants qui sont sauvés lorsque ceux ci pèchent ? Oui, bien sûr. La Bible dit :

« Si nous confessons nos péchés, il est fidèle et juste pour nous les pardonner, et pour nous purifier de toute iniquité. » (1 Jean 1.9)

Que dit ce verset ? Il dit que si nous confessons nos péchés à Dieu, il nous pardonnera et nous purifiera.

Que devrions-nous faire lorsque nous péchons ? Nous devrions : 1) confesser notre péché à Dieu, et 2) croire que Dieu nous a pardonné.

Confesser un péché, c'est l'appeler par son nom et ne pas chercher d'excuses. Si nous mentons, nous devons confesser à Dieu que nous avons menti. Si nous nous fâchons et que nous perdons notre calme, nous devons le confesser à Dieu. Nous devons aussi régler les choses avec les autres personnes. Lorsque nous agissons ainsi, nous devons croire que Dieu nous a pardonné.

Dieu veut que nous ayons la victoire dans notre vie. Plus nous apprendrons à faire confiance et à obéir au Seigneur Jésus-Christ qui vit en nous, plus nous serons capables de dire non au monde, à la chair et au diable. Dieu nous donne la victoire par notre Seigneur Jésus-Christ. La Bible dit :

« Grâces soient rendues à Dieu, qui nous donne la victoire par notre Seigneur Jésus-Christ ! » (1 Corinthiens 15.57)

COMMENT CONDUIRE QUELQU'UN À JÉSUS-CHRIST

I-   LA MARCHE VERS LE SALUT

Pour que nous soyons en mesure d'annoncer le royaume Dieu à quelqu'un, il vaut que nous même nous soyons surs de notre salut.

Ce schéma nous donne la démarche à suivre pour passez de l'état de pécheur à celui d'enfant céleste.

II- LA DÉMARCHE D'ÉVANGÉLISATION

Quand nous sommes sauvés, Dieu veut que nous gagnions d'autres âmes à Jésus-Christ. La Bible dit que « le sage s'empare des âmes. »
(Proverbes 11.30)

Voudrais-tu savoir comment conduire quelqu'un à Jésus-Christ ? Voici cinq étapes pour t'aider. Commence au bas et lis-les.

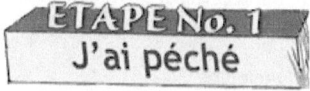

« Car tous ont péché et sont privés de la gloire de Dieu. » (Romains 3.23)

Ce verset nous dit que nous avons tous péché. Avant que quelqu'un soit sauvé, il doit réaliser qu'il est un pécheur.

La Bible dit que « le salaire du péché, c'est la mort ». C'est-à-dire la séparation d'avec Dieu, dans l'enfer, pour toujours. Comme c'est terrible ! Parce que nous sommes pécheurs et condamnés à mort, nous avons besoin d'un Sauveur.

« Car Dieu a tant aimé le monde qu'il a donné son Fils unique, afin que quiconque croit en lui ne périsse point, mais qu'il ait la vie éternelle. » (Jean 3.16)

C'est-à-dire que Dieu nous aime et qu'il nous a donné son Fils pour être notre Sauveur. N'es-tu pas content ?

« Mais Dieu prouve son amour envers nous, en ce que, lorsque nous étions encore des pécheurs, Christ est mort pour nous. » (Romains 5.8)

Ce verset nous dit que Jésus-Christ est mort pour nos péchés. Il a payé la dette de nos péchés par sa mort sur la croix. Mais Jésus-Christ n'est pas demeuré dans le tombeau. Il est ressuscité des morts. Il est un Sauveur vivant !

ÉTAPE No. 4 – Je le reçois

« Mais à tous ceux qui l'ont reçue [...] elle [la Parole = Jésus] a donné le pouvoir de devenir enfants de Dieu. » (Jean 1.12)

Pour devenir un enfant de Dieu, nous devons nous approcher du Seigneur Jésus en tant que pécheur et le recevoir comme notre Sauveur. Demande à ton ami s'il aimerait recevoir Jésus-Christ comme son Sauveur. Voici une prière qu'il peut faire pour recevoir Jésus-Christ :

« Seigneur Jésus, je sais que j'ai péché et je regrette mes péchés.
Je te remercie de m'avoir tant aimé et d'être mort sur la croix pour moi.
Viens dans mon cœur et pardonne mes péchés. Je te prends comme mon Sauveur dès maintenant. »

ÉTAPE No. 5 – J'ai la vie éternelle

« Celui qui croit au Fils a la vie éternelle [...] » (Jean 3.36)

Quand je crois que Jésus est mort pour mes péchés et que je le reçois comme mon Sauveur, j'ai la vie éternelle. Je sais que c'est vrai parce que Dieu le dit !

DIEU L'A DIT !

JE LE CROIS !

C'EST RÉGLÉ !

APPLICATION 4

Complétez les pointillés

ÉTAPE N°............
J'ai la vie éternelle

ÉTAPE N°............
J'ai péché

ÉTAPE N°............
Dieu m'aime

ÉTAPE N°............
Christ est mort pour moi

ÉTAPE N°............
Je le reçois

« ....» (Jean 3.36)

« Mais Dieu prouve son amour envers nous, en ce que, lorsque nous étions encore des pécheurs, Christ est mort pour nous. » (Romains.....................)

«.. »
(Romains 3.23)

As-tu compris ?

Qu'as-tu retenu de l'étude de ce livre ? (Fais un résumé de toute l'étude avec en conclusion des conseils que tu donneras à tes amis qui hésitent encore à se donner entièrement à Dieu.)

DEUXIÈME PARTIE :

SAVOIR CHOISIR SON MODEL

JOB :

UN MODEL A SUIVRE

BILL GATE, Joyce Meyer, Didier Drogba....voici quelques exemples de personnes qui ont tout reçu dans la vie. Nous voulons un jour ressembler à ces personnes. Tout un chacun de nous à des personnes modèles auxquelles nous voulons ressembler un jour. Ce qui vrai dans le monde l'est aussi dans la vie chrétienne ; Cette étude nous permettra d'avoir les clé de la réussite comme celle e JOB.

Pendant ses dernières années Job reçut de L'ÉTERNEL plus de bénédictions qu'il n'en avait reçues dans les premières, il posséda quatorze mille brebis, six mille chameaux, mille paires de bœufs, et mille ânesses. Il eut sept fils et trois filles, *Job 42:12-13.*

La vie de Job commença dans la prospérité et s'acheva avec le succès, en voici les sept secrets :

1° La sanctification : *Action de sanctifier, c'est-à-dire de mettre en état de grâce, de se rendre apte au salut.*

Job était un homme intègre et droit, il craignait DIEU et se détournait du mal.. Job appelait et sanctifiait ses fils, révèle *Job 1:1,5*. Il se détournait de la convoitise des yeux et de l'adultère, témoignent *Job 31:7-10*. La sanctification est un état spirituel qui génère l'abondance, car DIEU n'exauce pas les pécheurs ; mais si quelqu'un L'honore et fait Sa Volonté, c'est celui-là qu'IL exauce, révélation dans *Jean 9:31*. En effet, le juste n'est pas abandonné, ni sa postérité ne mendiant son pain, dit *Psaume 37:25*. C'est pour cela que Job s'attela à mener une vie sainte en obéissant aux Préceptes de DIEU, c'est le premier secret de sa réussite.

2° La charité : *L'amour du Prochain, la fraternité, l'indulgence.*

Job soutenait les malheureux, invitait à sa table l'orphelin, et venait en aide à la veuve, comme témoignent ses paroles :
- Car je sauvais le pauvre qui implorait le secours, et l'orphelin qui manquait d'appui, *Job 29:12*.
- J'étais l'œil de l'aveugle et le pied du boiteux ; j'étais le père des misérables, j'examinais la cause de l'inconnu, *Job 29:15-16*.
- N'avais-je pas de larmes pour l'infortuné ? Mon cœur n'avait pas pitié de l'indigent ? *Job 30:25*.
- Moi qui ai dès ma jeunesse élevé l'orphelin comme un père, moi qui dès ma naissance ai soutenu la veuve, *Job 31:18*.
- Si l'étranger passait la nuit dehors, si je n'ouvrais pas ma porte au voyageur, dévoile *Job 31:32*.

1 Corinthiens 13 : 3-7 (A lire)
La pratique de la charité permit à Job d'espérer le bonheur en retour, confirmation dans *Job 29:18, 30:26*.

3° La persévérance : *Action de persévérer, c'est-à-dire, Continuer de faire, d'être ce qu'on a résolu, par un acte de volonté toujours renouvelé malgré les difficultés et obstacles.*

Malgré les malheurs qui lui arrivèrent. Job persévéra dans la Crainte du DIEU TOUT-PUISSANT, et il LE bénit en déclarant :
L'ÉTERNEL a donné, et L'ÉTERNEL a ôté ; que LE NOM DE L'ÉTERNEL soit béni ! En tout cela Job ne pécha point et n'attribua rien d'injuste à DIEU, comme le témoigne *Job 1:21-22*.

Sa femme, qui ne pût comprendre sa foi, lui conseilla de blasphémer lorsqu'elle constata que Job demeurait ferme dans son intégrité, relate *Job 2:9*, mais Job demeura fidèle au SEIGNEUR DIEU.

Dans le malheur l'Enfant de DIEU doit garder confiance dans LE SEIGNEUR qui SEUL donne la Victoire éternelle. À l'instar de Job qui, confronté aux épreuves de la foi, ne pécha point par ses lèvres, déclare *Job 2:10*.

4° La patience : *Trait de caractère, comportement (considéré comme une vertu), qui consiste à savoir souffrir sans se plaindre, à supporter sans révolte et sans colère les désagréments, les malheurs de la vie, les défauts, les actions d'autrui*

Job attendait avec foi son relèvement par LE SEIGNEUR DIEU TOUT-PUISSANT, et il le confessa en disant :
Mais je sais que Mon RÉDEMPTEUR EST VIVANT, et qu'IL se lèvera LE DERNIER sur la terre, selon *Job 19:25*. Car L'ÉTERNEL Notre DIEU EST VIVANT, IL EST LE PREMIER ET LE DERNIER, LE COMMENCEMENT ET LA FIN, atteste *Ésaïe 44:6*.

5° La détermination : *L'action d'être déterminer, c'est-à-dire de causer, de déclencher*
Malgré les propos de ses trois amis venus le consoler, qui au final cherchèrent à lui faire admettre des péchés qu'il n'avait pas commis, Job n'en fut point influencé.
Jusqu'à mon dernier soupir je défendrai mon innocence, confirme *Job 27:5*. Car Job se disait juste devant DIEU, selon *Job 32:2* ; et connaissait LA PAROLE de L'ÉTERNEL qui dit : Voici la Crainte du SEIGNEUR, c'est la sagesse, s'éloigner du mal, c'est l'intelligence, précise *Job 28:28*.
C'est pourquoi l'Enfant de DIEU qui est conduit par LE SAINT-ESPRIT doit tenir ferme jusqu'à la fin pour hériter du Royaume des cieux.

6° L'humilité : *Sentiment qu'une personne éprouve de sa faiblesse, de son insuffisance, et qui la pousse à s'abaisser volontairement en réprimant son orgueil*

Pendant sa souffrance Job ne s'était jamais humilié devant L'ÉTERNEL, mais à la fin, il reconnut la Souveraineté de DIEU, dans *Job 42:2*. Et il se condamna et se repentit sur la poussière et la cendre, déclare *Job 42:6*. Dans les Saintes Écritures, s'asseoir par terre est une expression de désolation et un geste d'humiliation. Job comprit enfin que LE TRÈS-HAUT pouvait soumettre Son Enfant à une épreuve de fidélité ; non pas dans le but de détruire, mais pour confondre l'ennemi, et bénir davantage le fidèle. La vie chrétienne comporte des tribulations qui risquent de faire perdre la foi à quiconque n'est pas affermi en CHRIST. C'est pourquoi la détresse doit pousser le croyant à chercher LA FACE DU DIEU VIVANT qui sauve, et non à se détourner de LUI.

7° La vie de prière :
Voici ce que déclara Job au sujet de la fréquence des prières : Fait-il du TOUT-PUISSANT Ses Délices ? Adresse-t-il en tout temps ses prières à DIEU ? *Job 27:10*.
Ceci révèle la Place de choix occupé par LE TRÈS-HAUT dans l'existence de Job, qui priait sans cesse pour vivre en harmonie avec Son PÈRE CÉLESTE. La vie de prière fervente est **le secret de la réussite spirituelle et matérielle du chrétien**. Le témoignage favorable de la vie de Job est un modèle pour quiconque désire être béni en CHRIST Notre ROI.

Après sa réussite à ces épreuves, Job vécut cent quarante années ; il mourut âgé et rassasié de jours, témoigne *Job 42:16-17*.
Nous aussi nous pouvons vivre une vie heureuse dans le seigneur : Les conditions sont celles que JOB a eues et que Dieu nous enseigneur chaque jour:

3ème PARTIE :

LE CHRÉTIEN ET LE TRAVAIL

Cette partie de l'œuvre aidera le futur jeune à savoir que le chrétien doit travailler et ne pas tendre la main. Le jeune sera ainsi outiller pour affronter les réalités de la vie.
« Le travail et après le travail l'indépendance ! » Tel doit être la devise du jeune.
Le travail a une origine divine. C'est ce que nous faisons savoir ici et notre souhait est que non seulement les ados mais aussi l'ensemble des chrétiens sache que le travail doit être notre motivation.

Introduction

La mauvaise interprétation de la bible est à la source de la misère ou de la pauvreté dans la vie de nombre de chrétiens. Ils se perdent en conjectures au lieu de s'adonner au travail. Ils croient que rien qu'en jeûnant et en priant, les billets de banque vont pleuvoir sur eux ou qu'ils seront à l'abri du besoin. C'est l'une des raisons pour lesquelles beaucoup de païens pensent que mener une vie chrétienne est synonyme de mener une vie de paresseux. Cependant depuis le commencement Dieu a décrété que l'épanouissement de l'homme passera par le travail (**Gen 3**). Pour une compréhension inouïe de ce terme, nous répondrons aux interrogations suivantes :

- *Quel est l'origine du travail ?*
- *Quels liens y a-t-il entre bénédictions de Dieu et travail ?*
- *L'entreprenariat est-elle une option ?*
- *Le chrétien peut-t-il aussi réussir dans l'entreprenariat ?*
- *Conclusion*

I- LE TRAVAIL DEPUIS LE COMMENCEMENT

Dès le départ, Dieu a démontré à sa créature qu'il n'était pas un partisan du moindre effort, mais plutôt qu'il était pour la réussite par le travail. C'est dans cette optique qu'il a placé **Adam** et **Eve** dans le jardin en vue de le cultiver et de le garder (**Gen 2 : 15**). Depuis **Adam** et **Eve**, La dignité et la bénédiction de l'homme passe toujours par le travail. C'est donc la raison pour laquelle, tous ceux qui ont fait du travail leur leitmotiv dans l'histoire du peuple de Dieu, ont été toujours bénis et respectés. Les toutes premières fonctions du travail ont été : le travail pastoral et le travail agricole (**Gen 4 : 2**). Toutes les autres fonctions découlent de celles-ci.

A- EXEMPLES DE SERVITEURS DE DIEU BÉNI PAR LE TRAVAIL

1) L'exemple d'Abraham

Abraham ''le père de la foi'' était un berger. La bible dit qu'il était très riche, car Dieu avait béni son activité (**Gen 13 : 2**). Il était beaucoup aimé par Dieu à cause de son engagement et de sa détermination à lui obéir. L'Eternel lui a même promis la bénédiction (**Gen 12 : 2-3**). Il pouvait donc s'asseoir sans rien faire et attendre paisiblement cette bénédiction. Il n'a pas choisi cette option parce qu'il avait compris que la bénédiction de Dieu est liée au travail effectué par ses enfants. Abraham a donc travaillé, mis son intelligence non seulement à chercher Dieu, mais à développer son activité.

2) L'exemple d'Isaac

Isaac, le fils d'Abraham avait pour activité de base l'agriculture. Il a certainement hérité d'Abraham beaucoup de biens, mais cela ne l'a pas empêché de travailler. La bible dit qu'il sema dans le pays des philistins et il récolta au centuple car Dieu le béni et il devint très riches (**Gen 26 : 12-13**). C'est la preuve palpable que la richesse d'Isaac est une bénédiction de Dieu, mais également le fruit de son travail.

3) L'exemple de Jacob

Jacob est le fils d'Isaac, mais n'a pas hérité des biens de celui-ci. Il est devenu prospère de par son propre travail. Il est parti de rien du tout pour arriver à être propriétaire de plusieurs biens, serviteurs et servantes. Il a exercé une activité pastorale auprès de son oncle Laban. C'est dans l'acharnement au travail et à la justice de Dieu qu'il est devenu riche en troupeaux en serviteurs et en argent (**Gen 27 : 41-44 ; Gen 28 : 1-6 ; Gen 29 : 15-30 ; Gen 31 : 1**).

4) L'exemple de Joseph (Gen. 37-47)

Joseph est le fils de Jacob, haï par ses frères, vendu par ces derniers, accusé à tord par sa patronne, jeté en prison, et plus tard Premier ministre de la Grande Égypte, il a du être intelligeant pour conseillé Pharaon. Il propose à Pharaon une solution qui sauvera 07 ans plus tard tout le pays d'Égypte mais aussi ses frères hébreux. Gen. 41 -37 et suivants. **Nous aussi comment agissons –nous au travail ? Sommes-nous honnêtes ou malhonnête ?**

II- <u>BÉNÉDICTIONS DE DIEU ET TRAVAIL</u>

Le seigneur a déclaré dans sa parole qu'il ordonnera à la bénédiction de suivre ceux qui sont les siens dans toutes leurs entreprises (**Deut 28 : 8**). C'est une révélation qui est malheureusement caché aux yeux de beaucoup d'enfants de Dieu. C'est-à-dire qu'il y a une condition à cette bénédiction : l'entreprenariat. C'est donc les enfants de Dieu qui entreprennent qui verront la bénédiction. L'entreprenariat consiste à penser, créer et concevoir des projets qui seront matérialisés ensuite, par des activités génératrices de revenus (des microprojets ; commerce ; l'élevage ; l'agriculture ; des sociétés de tout genre...). C'est par le biais de l'entreprenariat que Dieu peut rendre prospères ses enfants. Or, il est impossible de parler d'entreprenariat sans évoquer le travail. Tous deux sont intimement liés. En réalité, Dieu utilise le système de la multiplication pour bénir ses enfants (**Deut 28 : 11-12**). Il dit qu'il nous comblera de biens en multipliant le fruit de nos entrailles, le fruit de notre sol et il bénira le travail de nos mains.

La Bible dit qu'on lui a présenté un morceau de pain qu'il a multiplié par la suite en plusieurs morceaux. Cela a donc permis à tous ceux qui étaient présent de manger à leur faim, tandis qu'il restait encore du pain (**Mat 14 : 13-20**).

IV- TRAVAIL SOURCE DE DIGNITÉ ET D'HONNEUR

Tous les chrétiens devaient aimer le travail et détester la paresse. Car la Bible nous exhorte au travail à cause de la dignité et l'honneur qu'il nous procure (**1 Thés 4 : 11-12 ; Prov 12 : 11 ; Prov 12 : 27**). En réalité, tant que l'homme peut travailler pour subvenir à ses besoins, il sera à l'abri de l'humiliation, de la mendicité et il conservera sa dignité. Mais sur le paresseux s'abattront la misère, la honte, l'humiliation et la souffrance toutefois qu'il demeurera dans cette pratique, puisqu'il sera obligé de vivre dans la malhonnêteté, le mensonge, le vol, l'hypocrisie, le suivisme etc. pour subvenir à ses besoins (**Prov 6 : 6-11 ; Prov 12 : 27 ; Prov 14 : 23 ; Prov 20 : 4 ; Prov 20 : 13 ; Prov 28 : 19 ; Eph 4 : 28 ; 2 Thés 3 : 11-12**).

V- LE MINISTRE DE L'ÉVANGILE ET LE TRAVAIL (1 Tim 4 : 12)

Dans ce passage (**1 Tim 4 : 12**) biblique Paul demande au ministre Timothée et par ricochet à tous les ministres de l'évangile d'être un modèle pour les fidèles, en parole, en conduite, en charité, en foi, et en pureté. Donc les ministres de l'évangiles sont aussi et plus que tout autre concernés par cet enseignement pour deux raisons : ils doivent être des modèles pour leurs fidèles et aussi parce qu'ils ont besoin eux même de ''manger pour vivre''.

En effet, on ne peut pas donner un enseignement biblique sans en être soi-même concerné, car la Bible déclare que la parole de Dieu est un couteau à double tranchant en même temps qu'il coupe devant, il coupe aussi derrière. Non seulement il touche celui ou est celle qui est devant le couteau, mais aussi celui qui le possède et l'utilise. Tu ne peux pas et ne doit pas enseigner au peuple de Dieu ce que toi-même tu ne fais pas! Toi donc qui enseignes les autres, tu ne t'enseignes pas toi-même! Toi qui prêches de ne pas dérober, tu dérobes... (**Rom 2 : 21-24**). L'Apôtre Paul qui est l'auteur de ses mots susmentionnés a aussi dit que celui qui ne veut pas travailler qu'il ne mange pas non plus (**2 Thés 3 : 10**). Il était un véritable modèle parce qu'il travaillait pour pourvoir à ses besoins et aux besoins de ceux qui étaient avec lui. Il avait un métier, il était faiseur de tentes (**Act 18 : 1-3 ; 2 Thés 3 : 8-9**). Donc les ministres de l'évangile (Pasteurs ; évangélistes ; docteurs...) doivent bel et bien travailler comme tout le monde.

VI- L'ENTREPRENARIAT EST-ELLE UNE OPTION ?

En effet, tout le monde est libre de faire de l'entreprenariat son cheval de bataille ou non. Malheureusement les conditions de vie sont telles que l'on est obligé quelque soit le contexte dans lequel l'on se trouve de faire recours à l'entreprenariat. Avec la conjoncture qui occasionne les multiples augmentations du coût du carburant ; du coût du transport ; du coût des denrées alimentaires, travailleurs du privée, fonctionnaires, manœuvres, tout le monde tire ''le diable par la queue''. Le salaire ne peut plus suffire pour répondre à tous les besoins de la famille.

Par ailleurs, il y a en Afrique une réalité commune à tous les africains, qui est que le fonctionnaire ou tout autre salarié africain travaille pour tout son village. Il est sollicité de toute part et doit faire face à toutes ses sollicitations, au risque d'être critiqué par la société. Il y a des fonctionnaire qui ne disposent plus de la pleine autorité de leur comptes bancaires, parce que leurs cartes magnétiques sont désormais la propriété d'avides personnes qui se font appeler ''margouillats''. Ce sont des individus qui disposent de gros fonds qu'ils mettent à la disposition des particuliers par le biais de prêts avec des taux d'intérêts exorbitants. Certains fonctionnaires ou salariés, pour survivre sont obligés de s'adonner à la corruption, au mensonge, l'escroquerie ou tous simplement deviennent des politiciens véreux.

Par conséquent, l'entreprenariat devient donc une obligation pour tous (salariés et non salariés) et non une option. Elle s'impose à toutes les personnes qui veulent s'épanouir financièrement et matériellement.

V- LE CHRÉTIEN PEUT-IL RÉUSSIR DAN L'ENTREPRENARIAT ?

Beaucoup de chrétiens ont essayés d'investir dans plusieurs domaines d'activités sans connaître de succès. Ils se sont donc résignés à accepter que l'entreprenariat ne soit pas pour les chrétiens mais plutôt pour ceux qui consultent les féticheurs et les faiseurs de sacrifices humains. Ce qui emmène certains chrétiens à se poser la question suivante : le chrétien peut-il réussir dans l'entreprenariat ?

Effet, c'est possible pour le chrétien de réussir dans l'entreprenariat. Mais seulement, il doit remplir les conditions suivantes :

A- DEMANDER L'ORIENTATION DU SAINT-ESPRIT
1- Orientation par rapport à l'activité
2- Orientation par rapport au temps
3- orientation par rapport à la main d'œuvre et les collaborateurs
B- FORMATION ET INFORMATIONS
C- INTERCESSION ET SANCTIFICATION
D- COMBAT SPIRITUEL ET DÉLIVRANCE
E- DONS-OFFRANDES-SOUTIEN AUX PAU

APPLICATION :
MYTHE 1- POUR AVOIR DE L'ARGENT, IL FAUT DE L'ARGENT

Faux ! Pour avoir de l'argent, il faut de la créativité.

Deux personnes sans argent peuvent passer sous un manguier avec beaucoup de mangues mures. L'un peut regarder le manguier, voir toutes les mangues mures, et continuer son chemin.

L'autre y voit une opportunité. Il va voir le propriétaire et lui propose de cueillir les mangues, de ramasser toutes les feuilles qui tomberont, de lui donner les plus belles, de revendre les autres au marché, et de donner au propriétaire le prix de 8 mangues sur 10. Le propriétaire accepte, et notre ami repart à la maison avec 2.000 F en poches ! Créativité, c'est tout ce qu'il te faut.

Ai-je dit que c'était facile ? Non, mais les paresseux auront toujours des excuses.

MYTHE 2 – POUR CRÉER UN BUSINESS, IL FAUT DES MILLIONS

Faux ! Pour créer un business, il faut une idée, et un plan d'action chronologique.

La majorité des créateurs regardent des entreprises qui existent depuis 10 ans, et s'imaginent qu'ils doivent démarrer avec le même équipement, dans des locaux aussi grands, etc. Il n'y a rien de plus Faux ! Il y a 10 ans, ce grand supermarché que tu admires n'était qu'une petite boutique.

Pourquoi attendre d'avoir l'argent de 10 ordinateurs supers équipés avant de démarrer ton cyber ? Avec 1 poste et une Connexion Internet, ton business peut démarrer. La réalité, c'est que ton voisin qui démarre son cyber avec 10 postes économise depuis 5 ans pour réaliser ce projet.

Prends ton idée, prends le montant qu'il te faut pour la réaliser, et divise ce montant par le temps au bout duquel tu souhaiterais réaliser ton projet. Par exemple, tu veux ouvrir un salon de coiffure hyper chic dans 3 ans et tu as besoin de 3 millions. Eh bien, tu dois épargner 1 million par an, soit 920 F par jour. Est-ce difficile ?

MYTHE 3 – UNE FOIS LE BUSINESS CREE, LE RENTABILISER EST UN JEU D'ENFANT

Faux ! Créer un business est très facile, le plus dur c'est de le rentabiliser.

Nous avons tous au moins une fois assisté à l'ouverture en fanfare d'un nouveau magasin, puis 3 mois après tout était en solde, puis 6 mois après tout était en liquidation totale, puis voir le magasin fermer 10 mois plus tard. Ça, c'est la triste réalité !

Comment garantir la survie de son business, peu importe sa taille ? Il faut Travailler sur les 3 axes de croissance :

1. Augmenter le nombre de clients
2. Augmenter le volume d'achat par clients
3. Augmenter la fréquence d'achat des clients

MYTHE 4 – SI LES PRODUITS SONT DE BONNES QUALITÉS, LES GENS LES ACHÈTERONT SANS HÉSITER

Faux ! Les gens n'achèteront tes produits que s'ils en ont BESOIN urgemment, ou s'ils en ont ENVIE (même s'ils n'en ont pas besoin urgemment).

Créer un besoin est très compliqué, susciter l'envie, c'est facile à faire, quand on a les techniques appropriées.

MYTHE 5 – POUR AUGMENTER SES PROFITS, IL FAUT RÉDUIRE LES CHARGES (SURTOUT LA PUBLICITÉ)

Faux, archi faux ! Pour augmenter les profits, il faut augmenter sa marge bénéficiaire.

Comment ? Simplement en augmentant les prix de la bonne façon !

MYTHE 6 – TRAVAILLER DANS UN BUREAU DONNE PLUS D'ARGENT QUE LE COMMERCE

Bref, une dame analphabète a démarré son restaurant avec 17.000 F, en utilisant son vieux fourneau et ses vielles marmites, devant sa maison. Elle réalise aujourd'hui, 6 mois plus tard, une recette de 35.000 F par jour minimum, soit 900.000 F chaque mois. Elle s'en sort avec minimum 400.000 F de bénéfices.

Je connais des ingénieurs à qui il a fallu 3 ans de bons et loyaux services avant que la multinationale pour laquelle ils travaillent accepte de leur donner 400.000 F par mois.

Conclusion

Si vous êtes dans les affaires, ou si vous envisagez un jour travailler pour vous-même, ou si vous avez des objectifs de revenus dans la société pour laquelle vous travaillez, une seule chose est essentielle : maitrisez le Marketing !

Participez à des formations sur le marketing, et quelque soit vos challenges, vous arriverez à survivre, croitre et exceller.

CONCLUSION GÉNÉRALE

Retenons donc que l'épanouissement, la dignité, l'honneur de l'homme sur cette terre passe par le travail. Le Dieu que nous servons n'est pas un partisan du moindre effort. Jésus-Christ lui-même nous a confirmé cela par son comportement et son enseignement, parce qu'étant Dieu, il a accepté d'être charpentier. Nous devons savoir aussi qu'être riche n'est pas un péché et que les riches ont aussi leurs places au ciel. De plus, le chrétien peut aussi réussir dans l'entreprenariat. Seulement, il faut que l'enfant de Dieu sache que le plus important c'est le salut de son âme et non les richesses que nous laisserons sur la terre pour le paradis ou l'enfer.

Que Dieu vous bénisse et bénisse les entreprises de votre main.

4ème PARTIE :

LE RESPONSABLE :

Sa vie son comportement et ses relations :

DOUA SAHI ETIENNE

INTRODUCTION

Dès notre nomination à un poste de responsabilité, beaucoup de questions défilent dans notre esprit. Plus tard, certains reproches volent à notre endroit de la part des supérieurs, collaborateurs et même des administrés.
- Comment mener à bien le travail de mon groupe, de mon département, de mon comité ?
- Qu'attendent de moi les autorités supérieures et proches collaborateurs.
- Par quoi et où commencer ?
- Pourquoi toutes ces reproches et que faut-il en faire ?
- Comment dois-je m'y prendre pour arriver au port désiré ?
- A qui dois-je rendre compte ?
- Quel rôle dois-je jouer au sens biblique et pratique du terme ? En un mot, qu'est ce qu'un responsable ?

Ce cours permettra donc au futur jeune, donc futur responsable d'avoir des armes nécessaires au regard de la parole de Dieu pour affronter cette responsabilité.

Cette partie de notre document n'est pas seulement destinée aux futurs jeunes, mais également à tous ceux qui ont une responsabilité quelconque dans un groupe, mais aussi à ceux qui aspirent à être responsables, il est également important pour les chefs de famille, car premiers responsable de la cellule familiale.

CHAPITRE 1

QU'EST CE QU'UN RESPONSABLE ?

I- SELON LE DICTIONNAIRE PROFANE

Selon le dictionnaire (universel), un responsable est quelqu'un : qui a des responsabilités qui a le pouvoir de prendre des décisions dans un groupe organisé
- Qui sait prendre ses responsabilités, prendre des décisions importantes et s'y tenir
- Qui sait, porter des fardeaux, assumer des charges que d'autres refusent
- Qui aura à répondre à quelqu'un de ses décisions et actes :
- Répondre à un supérieur (chaque responsable devrait avoir quelqu'un à qui il doit rendre compte, car un homme non contrôlé est un homme perdu).
- Répondre à Dieu (He 13:17)
- Qui sait répondre à ceux qui lui demande raison de l'espérance qui est en lui (1 Pi 3 : 15) donc qui sait communiquer, qui ne s'enferme pas dans son mutisme ou son autosuffisance, c'est à dire qui est prêt à travailler en équipe.

II- POINT DE VUE DE QUELQUES HOMMES DE DIEU

Le responsable, disait l'évangéliste **JOHN MOTT**, c'est quelqu'un qui connaît le chemin, qui va de l'avant et qui peut entraîner d'autres après lui. Quand au Président TRUMAN, pour lui le responsable, est une personne qui a de la capacité d'amener d'autres à faire ce qu'ils n'aimaient pas et d'aimer le faire.

III- SELON LA BIBLE

Le mot responsable ne se trouve pas dans la Bible, cependant, le Nouveau Testament connaît un certain nombre de termes désignant ceux qui exercent à des postes de responsabilités (les responsables) dans l'église.
Ceux qui travaillent parmi vous, qui vous dirigent dans le Seigneur et qui vous exhortent (I Thes 5:12).
- Ceux qui se sont mis au service de ceux qui appartiennent à Dieu (I Cor 16:15)
- Les dirigeants et leurs assistants (Ph1 :1), ancien et diacres (Phil 4 : 11)
- Ceux qui enseignent (Gai 6 :6)
- Les ambassadeurs de Christ (II Cor 5 :20)
- Les conducteurs (Act 14 :12 ; 15 :22 ; He 13 :7,17)
- Celui qui préside (ou dirige) (Ro 12 :8)

Serviteurs de Christ et intendants des mystères de Dieu (I Cor 4:1) On pourrait y ajouter les ministères d'Apôtres, de prophètes, d'évangélistes de Pasteurs et de Docteurs. D'un côté, le Nouveau Testament appelle tous les membres de l'église à collaborer à l'œuvre de Dieu. Donc tout chrétien né de nouveau a une certaine responsabilité à exercer dans le corps de Christ. C'est en vue de ce service qu'il a reçu au moins un don particulier (I Cor 12 :7).
Chacun est donc responsable et concerné par les exhortations adressées aux responsables dans le Nouveau Testament.
Par ailleurs, il faut reconnaître qu'à côté des « ministères pour tous » ; il y a des « ministères particuliers » d'anciens et de diacres, il est question de conducteurs et de dirigeants, d'hommes qui ont le don de gouverner et de présider. C'est à ceux là que s'adresse en premier lieu les chapitres qui suivent

CHAPITRE 2 :

LA QUALIFICATION DU RESPONSABLE

I. QUALIFICATIONS SPIRITUELLES DU RESPONSABLE

Il existe un contraste frappant entre le leadership selon le monde et le leadership spirituel. C'est pour cette raison les qualifications spirituelles du responsable s'avèrent essentielles.

1. Aimer le Seigneur

Avant de confier un ministère à Pierre, le Seigneur lui a posé une seule question : « m'aimes tu ? (Jn 21 :15-18). L'amour de Dieu est en effet la première condition d'un service efficace dans le royaume de Dieu. Cet amour s'exprime par le désir de faire toutes choses de manière à plaire au Seigneur. Jésus pouvait dire : « Je fais toujours ce qui lui est agréable (au père) (Jn 8 :29) et l'Apôtre Paul y fait écho en écrivant aux Corinthiens : « Nous nous efforçons de lui être agréable » (2 Co 5 :9).

2. L'attachement à Dieu

Tel est le sens du mot « Piété » que nous trouvons dans les anciennes traductions de nos Bibles.

a. L'attachement à Dieu implique la persévérance dans la relation

Jésus l'a illustré par l'image du Cep et des sarments. (Jn 15 :4-5) un sarment ne peut porter du fruit s'il n'est attaché au Cep. Autant, le responsable ne pourra porter du fruit, en abondance pour la gloire de Dieu s'il ne demeure attaché au Seigneur.

b- L'attachement à Dieu implique l'obéissance à ses commandements (Mt 26 :39)

Ma nourriture disait Jésus est de faire la volonté de celui qui m'a envoyé et d'achever son œuvre. (Jn 4 :34). Jusque dans le jardin de Gethsémané, il priait : « que les choses ne se passent pas comme moi je veux, mais comme toi tu le veux » (Mt 26 :39) et l'Apôtre Paul pouvait dire également que sa seule ambition était « de plaire au Seigneur » (2 Co 5 :9).

c- L'attachement à Dieu se manifeste par l'esprit de prière à l'imitation de Jésus (Le 3.21) (Le 6.12-13) (Lc 9.18) (Le 22.32).

Jésus priait lors de son Baptême (Le 3.21). Il passa toute une nuit en prière avant de choisir ses apôtres (Le 6.12-13), avant de poser une question cruciale à ses disciples (Le 9.18) lors de sa transfiguration. Il priait pour chacun des siens afin qu'ils soient gardés au moment de la tentation (Le 22.32). Il a lutté en prière dans le jardin de Gethsémané (Le 22.44) et jusqu'à sur la croix, il a prié pour ses ennemis (Le 23.46).

Il nous ordonne de suivre ses traces, de cultiver la prière persévérante. Nous lisons dans (1 Th 5.17) « Priez sans cesse » c'est à dire utilisez tous les moments libres pour renouveler votre communion avec Dieu. Un responsable qui néglige la prière ne mènera pas bien loin ceux qui lui sont confiés.

3. La foi confiance

Les hommes choisis pour un service particulier dans (Act 6) devait être

« plein de foi ». Il ne s'agit pas là de la foi initiale de la vie chrétienne, mais d'un exercice constant de cette foi sans laquelle il est impossible d'être agréable à Dieu (Hé 11.6). La foi signifie ici confiance : la confiance en soi et la confiance dans les autres. Les plus grands leaders ont toujours eu foi dans leur capacité de conduire les autres. Le responsable doit pouvoir compter sur lui-même, sur ses connaissances, ses talents et sa motivation. Chacun des héros de la foi énumérés dans la Bible était conscient que Dieu l'avait choisi pour une mission particulière. D'autre part, sans faire confiance à nos collaborateurs, nous n'en tirerons rien. Il ne s'agit pas d'une confiance naïve et aveugle, mais d'une présomption favorable qui attend de l'autre le meilleur de lui-même.

4. La bonne conscience (1TI 1.19)
Dans (ITi 1.19) l'apôtre Paul engage Timothée à combattre le bon combat «avec une bonne conscience », cette conscience « dont certains se sont écartés au point que leur foi a fait naufrage ». Il est important pour un responsable d'être libre des séquelles du passé, au lieu de les traîner sur soi pendant des années : des péchés non confessés, non réparés qui pèsent sur la conscience et bloquent la vie spirituelle. Il doit se savoir pardonné et avoir pardonné aux autres, il ne doit plus garder de rancune, ni de problèmes non résolus dans son cœur. Il doit être guéris des blessures de sa vie passée sinon le service risque de devenir pour lui une fuite devant son passé, devant lui-même ou sa famille. Celui qui est réconcilié avec lui-même et avec les autres et qui vit dans une relation limpide avec Dieu, est libre pour le service.

5. L'amour de la parole de Pieu
Un bon responsable doit être nourri des bonnes paroles de la foi du bon enseignement. (ITi 4.6). Jésus, bien qu'il n'ait pas eu, comme nous, une Bible à sa disposition, connaissait l'ancien testament presque par cœur. On a noté que, sur 1800 versets qui reproduisent ses paroles, 180 contiennent des citations de l'ancien testament ou des allusions à son contenu. Quatre aspects de la familiarité avec la parole de Dieu sont à relever :
a) *Aimer la parole (Ps 119)*
b) *Méditer la parole (c'est à dire réfléchir à ce qu'il signifie pour nous)*
c) *Connaître la parole à fond (par une étude approfondie)*
d) *Être imprégner de la parole (pour qu'elle se présente à notre mémoire spontanément dans divers situations où nous avons besoin de son conseil. Tout cela implique du temps passé avec elle pour qu'elle habite en nous dans toute sa rigueur et nous inspire une vraie sagesse (Col 3:16).*

6. Stabilité doctrinale (2 Ti 3.14 ; 1 Ti 3.9)
Le responsable doit être fidèlement « attaché à la parole certaine, qui est conforme à ce qui lui a été enseigné » (Tite 1.9) ceux qui sont « ballottés comme des biques par les vagues et emportés çà et là par le vent de toutes sortes d'enseignements, à la merci d'hommes habiles à entraîner les autres dans l'erreur » (Ep 4.14) ne sont pas faits pour assumer une responsabilité dans l'Église. Oui les chrétiens qui s'emballent pour chaque nouveauté ne devraient pas se voir confier la responsabilité de conduire d'autres croyants, car ils risquent de les égarer dans des voies sans issues !

7. La vigilance (Act 20.28) ; (ITi 3.9)
Le responsable doit être vigilant pour trois raisons principales :

a) Veiller sur lui-même parce qu'il est un être humain
Avant de veiller sur le troupeau confié et sur notre enseignement, nous devons veiller sur nous même par ce que comme tous les humains nous avons en nous certaines tendances et certaines virtualités qui nous poussent au mal. C'est ce que la parole de Dieu appelle « la chair » ou la nature pécheresse, qui est toujours en nous, même après la nouvelle naissance. (Ro 8.4-9 ; Ga 5.25).

b) Veiller sur lui-même parce qu'il est un chrétien
Nous avons besoin de veiller encore plus sur nous-mêmes parce que nous sommes chrétiens et que par conséquent, nous avons un adversaire qui est le diable (lPi 5.8). Il n'est guère préoccupé par les non chrétiens : il sait qu'ils lui appartiennent de toutes façons, mais le chrétien lui échappe, donc, il fera tout pour le handicaper et le dévorer.

c) Veiller sur lui-même à cause de sa position de responsable
L'adversaire, le diable vise en premier le capitaine de l'armée du Seigneur, car en le faisant tomber dans un péché, grossier, il aura paralysé tout un secteur de combat et aura causé un grand scandale dans le peuple de Dieu aussi bien dans le grand public.

Ainsi donc, le responsable doit être conscient que tous les regards sont fixés sur lui, et par conséquent chercher à être un modèle : en paroles, en conduite, en amour, en foi, en pureté (ITim 4.12 ; Mt 5.16 ; Phil 2.15-16 ; 2Pi 2.12).

8. Avoir la maturité
Le responsable, c'est quelqu'un qui a de la maturité. Le grand problème auquel l'église est confrontée aujourd'hui, c'est le comportement immature des chrétiens. C'est pourquoi Paul demande que le responsable ne soit pas un nouveau converti, de peur qu'il ne se laisse aveugler par l'orgueil et tombe sous la même condamnation que le diable, c'est à dire que cette nomination prématurée suscite en lui de l'orgueil et lui fasse encourir une condamnation semblable à celle qui a sanctionné la révolte orgueilleuse du diable. Le mot traduit par « nouveau converti » signifie « récemment planté » ; c'est une image prise dans la nature. Une plante a besoin du temps pour prendre racine et parvenir à la maturité.

Les dirigeants sont caractérisés par la maturité et non par leur don. Et le premier danger du leadership, c'est le manque de maturité.

Comme il est important de ne confier des responsabilités qu'à des gens qui sont mûrs, nous allons étudier les signes de la maturité.

a. C'est pouvoir supporter la nourriture solide (ICo 3 :2 ; He 5 :12-14).

b. Marcher selon l'Esprit et non la chair (Gai 5.16).

c. C'est être dé-préoccuper de soi-même et penser aux intérêts des autres.. Car la Bible dit : « tout est permis, mais tout n'est pas utile ou tout n'édifie pas » (I Cor 10.23 . 10.31-33 ; ICor 8.9-13).

d. C'est avoir le discernement Hé 5.14 ; ISa 16.7. Celui qui exerce ses facultés de discernement sait par expérience que tout ce qui brille n'est pas or et qu'il faut juger un arbre par ses fruits

e. Être stable et persévérant Hé 10.36 ; Mt 13.20.21. Quelques soient les difficultés ou la persécution, le responsable doit demeurer ferme dans sa foi. Ces choses ne doivent pas l'éloigner de Dieu et de sa communauté (Hé 10.25).

f. C'est avoir la stabilité doctrinale. Ne pas courir après les vents de doctrines pour ne pas entraîner les gens dans l'erreur

g. Le chrétien mur est capable d'affronter l'opposition et la souffrance pour Christ (Hé 12.27). Il ne se laissent pas abattre par des obstacles ou des gens malveillants. Le responsable a besoin de telle disposition pour persévérer dans son travail (Jé 12.6 ; Jé r 8.18 ; 2 Cor 11.16-33)

h. C'est ne pas accuser volontairement les autres en cas de crise. Si les choses vont mal, ce sont les autres qui en sont responsable. Les responsables immatures ont l'habitude de trouver toujours des boucs émissaires. Comme ils ne se mettent pas eux mêmes en cause, ce sont évidemment les autres qui sont responsables de ce qui arrive. L'homme mûr se demande comment sortir de la situation. C'est être capable d'aider les autres à atteindre leurs objectifs. L'homme mûr sait valoriser les dons, les vocations et les idées des autres et les aider à trouver leur place dans le corps de Christ.

La maturité spirituelle est certainement l'une des qualités les plus importantes d'un responsable chrétien, car il pourra seulement mener les autres jusqu'au point qu'il atteint lui-même.

9- La concentration sur le service (Luc 9.62) ; (Me 8.34-35)

La responsabilité dans l'œuvre de Dieu exige le renoncement a un certain nombre de choses que d'autres peuvent se permettre.

a. Renoncer à ses aises (Le 9.58)

Si l'on veut accomplir l'œuvre, il faut souvent se lever tôt, se coucher tard, renoncer à la télévision et à d'autres loisirs, savoir voir sans regret, ni amertume les autres prendre, endurer la fatigue physique, nerveux et morale. Le responsable, plus que d'autres, aura besoin de se souvenir que « vivre c'est choisir»

b- Renoncer a être considérer

Un responsable doit souvent prendre des mesures impopulaires pour le bien des autres. Donc, il subira de leur part le rejet. L'apôtre Paul en a fait l'expérience, mais son attitude intérieur n'était pas dépendant de l'opinion d'autrui. Il était prêt à ce qu'en prenant des décisions mal comprises, il soit moins aimé d'eux (2 Co 12.15). Jésus a connu l'incompréhension de la part des siens (Mt 12.46- 47) ; (Luc 9.59-60). Mais il a refusé l'emprise de sa parenté (Luc 14.26-27) et de l'opinion publique.

b. Renoncera beaucoup de choses d'intéressantes

Il ya dans la vie beaucoup de bonnes choses parfaitement légitimes qui occupent une part importante du temps de nos concitoyens : la musique, les arts, la culture, les sports bref tout ce qui contribue à notre épanouissement personnel. Celui qui veut être responsable doit se concentrer à sa responsabilité ; il a besoin de temps pour réfléchir, pour se préparer à son service. Il doit même renoncer à la politique.

Renoncer à ces choses car tout n'aide pas à grandir (I Cor 6.12 ; 10.23) renoncer à ces choses parce que nous avons calculer la dépense d'être responsable (Luc 14.28-30).

10- Être rempli de l'esprit (Ep 5.18-21)

Cette condition posée pour les sept diacres choisis pour le service des tables implique au fond toutes les autres (Act 6/3)..Celui qui est rempli du Saint Esprit :

- *a- Aime le Seigneur, Car l'office de l'Esprit est de glorifier Dieu*
- *b- Il est attaché à Dieu et persévère dans la prière car l'Esprit nous aide à prier*
- *c- Il persévère dans la foi.*

d- *Il ne fait rien contre sa conscience l'esprit le retient*
e- *Il aime la parole inspiré par l'Esprit. La parole qui suscite en lui la vigilance et le fait progresser vers la maturité*
d- *Dieu lui donne l'énergie disponible pour le service du Seigneur*
e- *Le seul passage des épîtres qui parle de la plénitude de l'Esprit (Ep 5.18-21) donne quatre autres qualifications pour celui qui est rempli de St-Esprit :*
f- *Il aime s'entretenir avec les frères et les sœurs et chanter des Psaumes, des hymnes, et des cantiques inspirés.*
g- *Il aime louer le Seigneur.*
h- *Il remercie à tout moment et pour toute chose Dieu le Père au nom du Seigneur Jésus-Christ.*
i- *Il se soumet aux autres par respect pour le Christ.*

II. LES QUALIFICATIONS MORALES

Les qualifications morales sont les qualifications relatives à la marche du responsable, c'est à dire des manifestations extérieures de sa vie, ce que les autres peuvent voir et ressentir. Basé sur (ITi 4 et tite 1) nous diviserons ce chapitre en 4 paragraphes.
1) *Ce qu'un responsable ne doit pas être*
2) *Ce que le responsable doit être*
3) *Ce* **qu'il doit être dans ses relations avec leurs autres**
4) **Ce qu'il doit être dans sa famille**
1- **Ce qu'un responsable ne doit pas être**
a) **Pas adonné au vin**
Un responsable adonné au vin serait un mauvais modèle et serait pour les chrétiens faibles une occasion de chute. L'apôtre Paul a fixé les règles pour tous les responsables : tout est permis, mais tout n'est pas utile. Tout n'aide pas à grandir dans la foi. (ICo 6:12 ; 12 ; 10 :23). Il est bon de s'abstenir de tout ce qui peut entraîner la chute de ton frère (Ro 14 :21).

b) **Ami de l'argent**
Le responsable qui n'a pas tranché la question d'argent tonoera forcement sous l'emprise de mamon à l'exemple de Balaam (Nb 22 :1-35), de Guehazi (2 Rois 5 :20-27) de Judas (Jn 12 :4-6 ; 18 :2-3) et d'Ananias et Saphira (Hc 5 :1-10). Dans son exercice ou ses prises de décisions, le leader ne doit pas être influencé par des considérations de gains financiers. Lorsque les gens verront qu'il est vraiment désintéressé, ses paroles auront plus de poids.
En outre, il doit être un modèle pour tous ceux qu'il dirige dans le paiement de ses dîmes et tout autres cotisations de l'église.

a) **Pas coléreux**
Le responsable ne doit pas se laisser emporter par la colère et la brutalité. Il doit au contraire être maître de lui-même en toute circonstance.

b) **Pas de duplicité**
Son oui doit être oui et son non doit être non en tout lieu et avec tous (Mt 5 :37).

c) Pas égocentrique

Un homme centré sur lui-même cherchant son propre épanouissement personnel dans le service n'aura pas la disponibilité nécessaire pour porter les fardeaux des autres et se donner tout entier à sa tâche (Cf. ICo 13 :5; Ph 2 :4).

2. Ce que le responsable doit être

a) Sérieux

Le mot sérieux comporte l'idée de dignité, inspirant le respect, « recommandable à tous égards » (2 Co 6 :4)

b) Ami du bien

Peut se traduire par : ami des gens qui sont bons (qui se ressemblent) Le bien, c'est ce qui est utile, salutaire, agréable ... etc

c) Juste

Il ne s'agit pas de la justice devant Dieu, mais d'une justice pratique, qui donne à chacun ce qui lui revient. Le responsable doit donc avoir des jugements justes, il ne doit pas être partial, ni faire acception de personnes.

d) Maître de soi

Être maître de soi, c'est savoir se discipliner. Le responsable, c'est quelqu'un qui a appris à obéir à une discipline imposée du dehors. La maîtrise de soi implique aussi la maîtrise de ses paroles. « on ne peut pas confier des responsabilités dans l'œuvre du Seigneur à des personnes qui ne sont pas capables de tenir leur langue en bride.

Le contrôle de soi doit être pratiqué jusqu'à ce qu'il devienne une seconde nature en nous.

2. Ce qu'il doit être dans sa relation avec les autres

a) Conciliant

Il doit savoir céder lorsque des questions personnelles ou secondaires seules sont en jeu, redresser « avec douceur » les contradicteurs (2Ti 2 :24-25)

b) Pacifique

« Heureux les artisans de paix » disait Jésus (Mt 5 :9) et Paul précise : « autant que cela dépend de vous, soyez en paix avec tous les hommes » et « recherchez ce qui contribue à la paix et à l'édification » (Ro 14 :J9) Il n'est pas convenable qu'un responsable ait des querelles. Qu'il se montre au contraire aimable envers tout le monde, capable de supporter les contrariétés (2 Ti 2 :24).

c) Sociable

Le mot sociable peut se traduire par, réglé dans sa conduite, respectable, honorable, menant une vie réglée, convenable, modeste. La vie du leader devrait être ordonnée de manière à refléter la beauté et l'ordre de Dieu.

Être sociable ne signifie pas « être approuvé par tout le monde » (« malheur à vous si tous les hommes disent du bien de vous » disait Jésus) même pas être approuvé par tous les chrétiens. Un chef doit souvent prendre des décisions impopulaires et savoir endosser les critiques, même de la part de ceux qui lui sont les plus proches. Être mal compris et critiqué, se voir accusé d'agir même par de mauvais motifs, c'est souvent le sort des leaders (2Tim 1 vl5).

Le responsable doit être un homme qui bien qu'il accueille volontiers l'amitié et le soutien des autres à suffisamment des ressources en lui-même pour pouvoir tenir seul, dans l'exercice de ses responsabilités, même en face d'une terrible opposition.

d) **Il doit avoir un bon témoignage des non chrétiens**

Au début de l'histoire de l'église, les chrétiens « obtenaient la faveur de tout le peuple » (Act 2 v 47) Cet état n'a pas duré mais on n'a jamais pu leur reprocher des manquements à la loi civile ou morale. Les diacres dans (Act 6) devraient être « des hommes réputés, dignes de confiance ». Pierre demande aux chrétiens : *« ayez au milieu des païens une bonne conduite...* » (1PÍ2 v l2). «Aucun d'eux ne devait endurer une punition parce qu'il avait tué, volé ou commis quelques autres méfaits ou encore parce qu'il se serait mêlé des affaires d'autrui » (1 Pi 4 v 15) l'apôtre Paul donne des conseils allant dans le sens. (ICor 10 v32-33), (Col 4 v5-6 ; Hh 4 v 11-12)

Il n'est pas normal de confier des responsabilités dans l'église à une personne qui a fait l'objet d'un scandale public. Certes, il a pu s'en repartir devant Dieu et devant l'église et être pardonné par les deux, mais le monde extérieur n'a pas les mêmes normes ; pour lui, *« qui a bu, boira »* et qui a été malhonnête dans une .affaire le sera aussi dans une autre. La réputation d'une église et celle de ses membres sont liées.

e) **Il doit être hospitalier**

De nos jours, les lieux qui servent d'hôtels sont des endroits malfamés. Les chrétiens recommandés qui voyagent doivent donc dépendre des croyants sur place pour les accueillir, et le responsable doit donner l'exemple de l'hospitalité.

4- Ce que le responsable doit être dans sa famille

La liste de ITim 3 et Tit 1 :5 posent trois conditions relatives à la vie de famille du responsable. Il doit être « mari d'une femme », bien diriger sa maison, bien éduquer ses enfants et tenir dans la soumission.

a) **Mari d'une seule femme**
- Il doit être marié
- Marié une seule fois. N.B. : (Ro 7 v3 et Cor7 v39) montrent que le remariage après le décès du conjoint est parfaitement légitime
- Pas polygame
- Pas divorcé ou remarié - Il n'est pas conseillé de confier des responsabilités publiques à quelqu'un qui a divorcé en étant déjà chrétiens
- Mari fidèle.

Pour atteindre l'idéale présentée par la parole de Dieu pour la vie domestique, « un responsable doit avoir une femme qui partage pleinement ses aspirations spirituelles et qui est prête à faire les sacrifices nécessaires. Beaucoup d'hommes ont perdu pour une fonction importante et une efficience spirituelle parce que la femme qu'ils avaient choisie ne convenait pas pour cet office ».

La vie de famille du leader est un point névralgique dans son ministère. Bien de responsables ont dû renoncer au ministère à cause des tensions dans le foyer. Si la femme n'a pas accepté l'engagement de son mari et ne le soutient pas de sa prière et de son aide, il lui sera difficile de faire face à toutes les obligations et toutes les pressions de son ministère.

b) **Bien diriger sa maison**

Dans son propre foyer, le responsable doit avoir donné la preuve qu'il sait gérer convenablement un ensemble' de personnes. Beaucoup de responsables chrétiens abandonnent ou sont écartés de leur ministère à cause des problèmes domestiques dans les relations avec leur conjoint ou leurs enfants. Avoir une femme qui encourage et qui soutient son mari (dans ce ministère) est un facteur crucial dans le choix et dans la formation des responsables.

c) **Bien éduquer ses enfants et les tenir dans la soumission**

L'éducation des enfants est aussi un test d'aptitude à la direction d'une église, d'un département ou d'un comité. La non directivité (ou les enfants libres) et la sérénité excessive qui « irrite et décourage » (Col 3 v21) les enfants ne sont pas évidents en notre temps. Celui qui manque de sagesse ou d'autorité dans son propre foyer fera rarement un bon responsable dans l'église.

I. LES QUALIFICATIONS HUMAINES DU RESPONSABLE

Certaines qualifications sont plus ou moins innées et semblent prédisposer leurs possesseurs à occuper une place de leader (déjà à l'école primaire certains enfants prennent un rôle de meneurs), d'autres sont acquises ou développées par l'expérience et la formation. Nous appelons qualifications humaines, des qualifications qui révèlent du tempérament et du caractère de l'intelligence et de la volonté. Ils sont des dons naturels.
Dans ce chapitre, nous étudierons 10 qualifications humaines indispensables à tout bon responsable.

1. Responsabilité

Puisqu'un responsable est quelqu'un qui sait prendre des responsabilités, la première condition humaine est que ce soit quelqu'un qui est prêt à prendre des décisions et à s'y tenir. La capacité de prendre rapidement des décisions claires est une marque indubitable du vrai leadership.

2. La Fiabilité

On dit qu'une personne (ou une machine, une voiture) est fiable lorsqu'on peut avoir confiance en elle. Une personne fiable est une personne qui tient parole, qui répond aux lettres dans un délai raisonnable, qui n'égare pas ses notes et n'oublie pas ses rendez-vous..., elle ne justifie pas ses difficultés en rejetant la faute sur les autres. La fiabilité implique aussi un haut degré de loyauté envers le groupe et l'organisation auxquels on appartient.

3- Le Courage

Un responsable doit être capable d'affronter l'opposition de ceux qui lui sont subordonnés, car il doit parfois prendre des décisions impopulaires, qui ne seront pas comprises par une partie de ses collaborateurs. C'est pourquoi nous trouvons sur les neufs premiers versets du livre de Josué trois fois l'exhortation «prend courage». Le courage, a-t-on dit, c'»st « la capacité de tenir cinq minutes de plus ». Du courage, il faut au responsable, surtout pour prendre des décisions difficiles et pour les appliquer. L'apôtre Jacques (Je 1 : 8) l'a dit : « Un indécis est inconstant dans toutes ses entreprises », si vous ne pouvez pas vous y décider, si vous différez et fuyez la responsabilité impliquée dans la prise de décision, vos collaborateurs concluront à juste titre que vous n'êtes pas un vrai responsable puisque vous ne savez pas accepter votre responsabilité et leur respect pour vous en tant que leader s'évanouira.

4- L'autorité

Le responsable est quelqu'un qui a de l'autorité, c'est à dire le pouvoir de commander, d'influencer ou l'ascendant. Cette autorité ne dépend pas de l'aspect physique car on a vue de petits hommes se faire obéir au doigt et à l'œil, alors que de grands gaillards avaient toutes les peines du monde à exercer la discipline.

L'autorité est définit par le dictionnaire profane comme étant ce que nous possédons et qui amène quelqu'un d'autre à faire ce que nous voulons qu'il fasse. L'autorité du responsable chrétien peut provenir de trois sources :

- a- **L'autorité de statut** : C'est la position que l'on occupe et qui donne le droit de commander,
- b- **Les responsables Hiérarchiques** : Son autorité provient aussi de ceux qui lui ont délégué l'autorité et sur qui il s'appuie.
- c- **De son travail (sa compétence)** : Plus le responsable travail bien et est efficace, plus il acquiert de l'autorité,

Remerciement :

Spécial remerciement à toute l'équipe de
ÉDITIONS CROIX DU SALUT pour m'avoir
 permis de m'exprimer ;
Particulièrement à Valérie Moreau, pour m'avoir
 guider pas à pas dans cette initiative.

TABLE DES MATIÈRES

Dédicace	Page 2
Première partie : Le nouvel environnement..	Page 3
Introduction...	Page 4
Le monde	Page 5
Application 1...	Page 7
A chair...	Page 8
Application 2...	Page 11
Le diable..	Page 12
Application 3...	Page 15
Et si nous péchons...	Page 17
Comment conduite quelqu'un à Christ ?...	Page 18
Application 4...	Page 21
Deuxième partie : Savoir choisir son model..	Page 23
Troisième partie : Le chrétien et le travail...	Page 29
Quatrième partie : le responsable : la Vie- son comportement et ses relations.......	Page 38
Remerciements	Page 50

www.ingramcontent.com/pod-product-compliance
Lightning Source LLC
Chambersburg PA
CBHW022018160426
43197CB00007B/470